대각성전도집회 다락방 시리즈

5

전해야 산다

옥한흠

국제제자훈련원

옥한흠 대각성전도집회 다락방 시리즈

1. 그물을 당겨라
2. 선교 비전 땅끝까지
3. 성령의 능력에 의존하라
4. 당신은 사도의 계승자이다
5. 전해야 산다
6. 한 영혼을 주님께로
7. 왜, 누가, 무엇을, 어떻게
8. 나를 섬기려면 나를 따르라

옥한흠 대각성전도집회 다락방 시리즈 5

전해야 산다

초판 1쇄 발행 1999년 10월 16일
초판 16쇄 발행 2023년 7월 27일

지은이 옥한흠

펴낸이 오정현
펴낸곳 국제제자훈련원
등록번호 제2013-000170호 (2013년 9월 25일)
주소 서울시 서초구 효령로68길 98 (서초동)
전화 02) 3489-4300 **팩스** 02) 3489-4329
이메일 dmipress@sarang.org

저작권자 (C) 옥한흠. 1999, *Printed in Korea*
이 책은 저작권법에 의해 보호를 받는 저작물이므로 저자와 출판사의 허락 없이
내용의 일부를 인용하거나 발췌하는 것을 금합니다.

ISBN 978-89-88850-12-1 03230

*책값은 뒤표지에 있습니다. 잘못된 책은 구입하신 곳에서 교환해드립니다.

국제제자훈련원은 건강한 교회를 꿈꾸는 목회의 동반자로서 제자 삼는 사역을 중심으로
성경적 목회 모델을 제시함으로 세계 교회를 섬기는 전문 사역 기관입니다.

교재 사용에 대하여

제자훈련을 하고 있는 교회라면 대각성전도집회를 1년에 한 번씩 갖는 것이 좋다. 제자훈련을 통해 축적된 영적인 힘을 발휘할 수 있는 기회를 만들어주기 때문이다. 또한 교회가 영적으로 수혈을 받고 새롭게 일어나는 계기가 된다. 새로운 생명이 태어나는 산실인 대각성전도집회가 시작되면 교회는 영적인 잔치 분위기를 맛보게 될 것이다.

대각성전도집회는 준비 기간을 길게 두고 치밀한 준비를 해야 한다. 우리 마음에 안주하려는 습성을 깨고 새롭게 힘을 모으기 위해서는 적어도 5~6개월 전부터 치밀한 준비가 있어야 한다. 특별히 다락방(구역)을 중심으로 영적으로 무장하며, 합심하여 기도로 준비하는 것은 대단히 중요하다.

이를 위해 지금까지 전도집회를 앞두고 다락방에서 사용해온 교재를 내어놓게 되었다. 다소나마 도움이 되길 바라며, 이 교재를 사용하기 원하면 다음 몇 가지를 참고해 주기 바란다.

1. 이 교재는 소그룹에서 귀납법적인 방법으로 성경을 공부하도록 만들어졌다. 그러므로 지도자는 소그룹 환경에서 귀납법적으로 성경을 공부하는 것이 무엇인지를 반드시 배우지 않으면 안 된다.
2. 이 교재는 교역자가 매주 소그룹 지도자들을 먼저 예습시킨 다음 사용하게 해야 바람직한 효과를 기대할 수 있다. 평신도에게 던져주고 그들 마음대로 사용하게 하는 것은 좋지 않다.
3. 소그룹에 참석하는 자들은 반드시 미리 예습을 하도록 권장해야 한다.
4. 한 과의 내용을 다 공부하려면 두 시간 이상이 필요하다. 그러므로 문제에 따라 답만 찾아보고 넘어가야 할 것과 함께 토의하면서 진지하게 적용해야 할 것을 잘 구별해서 시간 안배를 하는 것이 좋다.

차례

1. 왜 전도는 은혜인가?

로마서 15:14-18

바울은 믿음으로 의롭다함을 받는다는 엄청난 교리를 말한 다음에 결론 부분에 와서 로마서를 쓴 이유를 다시 한번 간단히 밝히고 잇다. 그 이유는 하나님의 은혜를 함께 나누려는 데 있다. 그가 유대교의 랍비였을 때는 하나님의 은혜가 무엇인지 몰랐다. 그러나 다메섹 도상에서 예수를 만나면서 은혜가 무엇인가를 알았다. 그가 발견한 은혜는 첫째로 구원의 은혜요 첫째로 구원의 은혜요, 둘째는 복음의 일군으로 부름받은 은혜였다. 오늘 우리는 두 번째 은혜에 대해 함께 공부하면서 우리 모두에게도 이 은혜가 있다는 것을 배우려 한다.

우리는 대각성전도집회를 5주 앞에 놓고 있다. 전도란 도저히 할 능력도 없고, 할 자격도 없을 뿐 아니라 그 일을 할만한 아무런 가치가 없는데 하나님께서 시켜주셨기 때문에 하는 일이다. 하나님이 하라고 불러주신 것이 어찌 은혜가 아니겠는가?

토의내용

1. 바울이 보기에 로마 교인들이 가진 장점이 무엇이었는가? (14절)

2. 바울은 로마 교인들에게 칭찬할만한 좋은 점이 있었음에도 불구하고 하나님
   이 그에게 주신 은혜를 나누고 싶어했는데 "그 은혜"란 어떤 은혜인지 간단히
   두 가지로 요약하자. (15-16절, 참고/ 사도행전 9:1-18, 로마서 3:24, 5:2)

3. 전도는 예수 그리스도의 일군으로 부름받았다는 것을 의미하기 때문에 은혜
   이다. 16절에 '그리스도의 일군되어' 라고 바울이 말하고 있는데 이 말의 본래
   의미는 머슴이나 품군이 아니라 성직을 맡은 자의 의미한다. 왜 그리스도의
   일군으로 부름받았다는 것이 은혜인가? (참고/ 마태복음 20:1-16)

4. 하나님께는 모든 사람을 구원하는 일만큼 중요하고 시급한 일이 없다. 예수님
   도 제자들을 사람 낚는 어부가 되게 하기 위해 부르셨고, 우리에게 성령을 부
   어 주신 이유도 복음을 땅끝까지 증거하라는 것이다. 이 지구 역사가 존재하
   는 한, 전도는 하나님의 최대 관심사라는 것을 말하기 위해 본문에서 삼위 하
   나님의 이름이 골고루 나오는 것을 발견할 수 있다. 그것이 무엇인지 찾아보
   라. (16절)

5. 일이 중요하면 중요할수록 그 일을 맡은 자의 영광도 큰 것이다. 바울은 평생
토록 '복음을 전할 자격이 없는 나같은 것에게 이 놀라운 일을 맡겨 주셨다'
는 감격때문에 생명을 바쳐 최선을 다해 복음을 전했다(참고/ 디모데전서
1:12, 14, 고린도전서 15:8-11). 당신은 바울처럼 '나를 그리스도의 일군으로
부르신 은혜의 감격'을 가지고 있는가?

6. 전도는 하나님께 제사를 드리는 일이므로 은혜가 된다. 전도와 제사가 어떻게
비교하고 있는지 16절을 검토해 보라.

7. 전도의 열매는 하나님이 가장 기뻐하시는 제물이다. 그러므로 전도 잘하는 사
람만큼 좋아하시는 자도 없다. 당신은 하나님이 원하시는 전도의 제물을 올해
에 몇 번이나 드렸는가?

8. 제사장은 아무나 되는 것이 아니다. 출애굽기 28장 1, 2절을 보면 제사장은 하나님을 섬기는 직분이라고 했다. 그러므로 하나님께서 제사장들을 아름답고 영화롭게 하신다고 말씀하셨다. 이렇게 아무나 함부로 될 수 없는 제사장 직분을 우리에게 맡겨 주신 것이다. 하나님 이 가장 기뻐하는 제사를 드리는 영광스러운 자리에 세움을 입었다는 사실에 감격하는 자들은 어떻게 하든지 하나님이 가장 원하는 제물을 많이 드리고 싶어하는 마음을 가진다. 당신에게 이런 소원이 있는가? (참고/베드로전서2:9)

9. 전도는 복음을 전하는 자가 성령의 능력을 제일 많이 자랑할 수 있기 때문에 은혜가 된다. 성령에 대해 자랑할 수 있다는 것은 자기가 먼저 그 능력을 체험했다는 의미가 되므로 특권이요 은혜가 아닐 수 없다. 이 점에 대해 바울은 무엇이라고 하는가? (17, 18절)

10. 우리가 사도들처럼 표적과 기사는 행하지 못한다고 하더라도 우리가 복음을 전하면 믿지 않던 자가 기적처럼 회개하고 돌아오는 일을 자주 본다. 이런 은혜는 전도하는 자만이 체험할 수 있는 것이다. 한번 두 번 이 기적을 보게 되면 누구나 성령의 능력을 자랑하게 된다. 그러므로 전도를 안하는 자에게는 자랑할 거리가 없다. 당신은 성령의 능력에 대해 얼마나 자랑할 거리를 가지고 있는가?

11. 이번 한 주간 동안 나를 그리스도의 일군 삼아주시고 제사장의 직무를 하게 하시고 성령의 능력을 자랑할 수 있는 위치에 세우신 은혜에 매일 감격하면서 전도하도록 하자. 각자의 전도 대상자를 내어놓고 어떻게 인도하려고 하는지 서로의 계획을 이야기하자.

2. 다시 찾은 기쁨

누가복음 15:1-10

대각성전도집회를 앞두고 주님께서 천하보다도 귀하게 여기시는 영혼에 대한 우리의 태도에 점검해 대해 점검해 보는 것은 매우 유익하다고 생각한다. 예수님께서 세리와 죄인들을 사랑하심에 대해 바리새인들과 서기관들이 비난하는 것을 들으시고 비유를 통해 그가 얼마나 뜨거운 사랑을 가지고 열심히 죄인을 찾으시며 은혜 주시기를 바라고 계신지를 말씀하고 있다.

잃어버린 양 하나를 찾기 위해 온 들을 헤매는 목자처럼, 잃어버린 은화 하나를 찾기 위해 포기하지 않고 온 집을 쓸며 수고하는 여인처럼 하나님은 잃어버린 영혼을 다시 찾기까지 쉬지 않으신다. 주님은 교회 안에 들어와 있는 수천 수만의 영혼보다 세상에 지치고 무시당하고 버림받은 불쌍한 죄인이 회개하고 돌아올 때 더 크게 기뻐하신다.

오늘도 잃어버린 영혼을 찾으시는 주님의 심정을 말씀 속에서 확인하면서 영혼 구원에 대한 우리의 무관심의 녹을 벗겨내자.

 **토의내용**

1. 예수님 주변에는 어떤 사람들이 모였으며 모인 이유는 무엇인가? (1절)

2. 여기서 "세리"란 로마정부가 고용한 유대인으로 로마의 식민지였던 유대에서 과도한 세금을 거두어 들여 일부는 자기들이 착복하고 나머지를 로마 정부에 바치는 매국노들이다(누가복음 3:13). 그래서 유대인들은 세리를 창기와 같이 취급하기도 했다(마태복음 21:32). "죄인들"이란 율법을 모르거나 바리새인들이 정한 세밀한 율법조항을 지키지 않는 자들을 의미한다. 왜 예수님이 이런 세리와 죄인들을 영접하시고 함께 식사하셨는가를 다음 성경을 비교하여 말해보라.

- **누가복음 5:31, 32**

- **누가복음 19:10**

3. 바리새인과 서기관들이 원망한 이유는 무엇인가? (참고/ 누가복음 5:30, 18:9)

4. 바리새인과 서기관들은 자기들만 받을 수 있다고 생각했던 구원을 세리와 죄인들이 받을 수 있다는 사실에 대해 매우 못마땅하게 여겼다. 그래서 예수님이 그들과 더불어 음식을 나누는 일이 욕된 일처럼, 또는 예수님의 위엄을 손상시키는 일처럼 생각했다. 그러나 주님이 찾으시는 자는 겉으로 잘 갖춰진 예배나 거룩한 체하는 위선이 아니라 통회하며 자신이 죄인임을 아는 진실한 마음을 가진 사람이다. 세리와 죄인들에 대한 바리새인과 서기관들의 마음과 예수님의 마음이 어떻게 다른가를 살펴보고 지금까지 당신의 마음은 어느 편에 속했는지 솔직하게 말해보라.

5. 첫번째 비유는 잃은 양의 비유이다. 마태복음 18장 12-14절에서도 비슷한 비유를 볼 수 있다. 이 비유에서 우리 안의 양과 잃은 양은 누구를 가리키고 있는지 다음 성구들을 비교해서 생각해 보라.

• 이사야 53:6

• 베드로전서 2:25

6. "잃어버린 양"이 처한 형편은 어떠했겠는가를 말해보라. (참고/ 에스겔 34:6, 시편 119:176)

7. 잃어버린 양을 찾으시는 하나님의 열심과 찾았을 때 다루시는 하나님의 사랑을 찾아보라. (4, 5절, 참고/ 에스겔 34:16, 이사야 55:5)

8. 비유의 무대가 이제는 들에서 가정으로, 주인공은 남자에서 여자로 바뀌고 숫자도 100에서 10으로 줄어들어 더욱 구체적으로 비유의 의도를 밝히고 있다. 잃어버린 한 드라크마를 찾기 위한 여인의 수고를 말해보라. (8절)

9. 잃은 양을 찾아 온 들판을 헤매는 목자의 사랑과 잃어버린 한 드라크마를 찾기 위해 소동을 벌이고 있는 여인의 모습에서 당신은 무엇을 느끼는가? 여기에 한 영혼을 찾으시는 주님이 간절함이 구체적으로 묘사되어 있다. 당신은 주변사람들과 가정에서 잃어버린 자에 대한 사랑의 수고를 어떻게 하고 있는지를 본문에서 잃은 자에 대한 네 가지 태도를 보면서 솔직하게 말해보라.

• **그들을 미워함(2절)**

• **냉담하게 대함(2절)**

- 다가올 때에 영접함(1절)

- 그들을 찾아다님(4, 6절)

10. 대각성전도집회의 주제를 설명하라.

11. 당신이 전도하려고 기도하는 대상자들에 대해 이야기하라.

12. 함께 머리를 숙이고 교회의 부흥과 확장을 위해 기도하자. 각자가 전도할 대
    상을 위해 기도하자.

3. 회복된 신분

누가복음 15:11-24

　　본문에서 둘째 아들은 아버지께 완전 독립을 요구하여 집을 떠난다. 유산을 다 탕진하고 헐벗고 굶주림의 종살이를 하는 처참한 지경에 이르러서야 돌이켜 아버지께로 돌아온다. 아버지는 아들의 자격을 포기하고 돌아온 아들의 신분을 회복시켜 주는 잔치를 열었다.

예수님은 이 비유를 통해 허물과 죄로 하나님을 거역하던 행동에서 돌이켜 사랑의 하나님을 향하여 돌아오는 모든 죄인들을 용서하고 달려가 영접하는 하나님을 한 인간 아버지에 비유하셔서 말씀하신다. 이 말씀을 공부하면서 모든 것을 용서하시고 자녀 삼아주신 하나님께 감사하고 하나님이 기다리시는 둘째를 찾아 나서자.

토의 내용

1. 이야기의 줄거리를 요약해서 말해보라.

2. 둘째 아들의 요구가 무엇이었으며 이에 대한 아버지의 태도는 어떠했는지 살펴보라. (12절)

3. 구약에 보면 아버지가 죽을 때 유산을 장자에게는 3분의 2를, 차자에게는 3분의 1을 상속하게 되어있다(신명기 21:17). 그러나 둘째 아들은 아버지가 돌아가시기도 전에 자기 몫의 유산을 달라고 강요한다. 이 장면을 보면서 당신은 어떤 생각이 드는가?

4. 둘째 아들이 재물을 다 모아서 아버지를 떠나 먼 나라로 간 이유는 무엇인가? 그리고 그는 재산을 어떻게 다 허비하게 되었는가? (13절)

5. 아버지를 떠난 아들은 결국 어떤 곤경에 처하게 되었는가를 살펴 보라. 그리고 그가 이렇게 된 원인이 어디에 있다고 보는가? (14-16절 참고/ 로마서 8:5-8)

6. 둘째 아들의 이러한 모습은 인간이 하나님의 보호와 사랑에서 떠나 마음대로 하고 싶은 죄성을 나타낸다고 볼 수 있다. 당신은 둘째 아들처럼 하나님과 관계없이 맘대로 살고 싶은 충동이 일어난 적은 없었는가? 만일 있었다면 그 결과 무엇을 얻었다고 생각되는가? (참고/요한복음 3:35)

7. 인간은 참을 수 없는 금욕과 허기진 배를 움켜 쥐고서야 제 정신이 드는가보다. 둘째 아들도 돼지와 같이 천하고 비참한 자리에 떨어져서야 비로소 자기가 얼마나 배은망덕했고 이기적이었는가를 깨달았다. '스스로 돌이켜' 라는 말은 '제 정신이 들다' 는 말로서 히브리어로는 '회개하다' 라는 뜻이다. 그의 회개는 18절의 '죄를 얻었사오니' 나 19절의 '품군의 하나로 보소서' 라는 말을 보면 더 뚜렷이 드러난다. 당신은 둘째 아들처럼 만사형통의 때에는 허랑방탕하게 살다가 시련과 환란을 통해 천부여 의지 없어 손들고 옵니다라고 눈물 흘리며 돌아오지는 않았는가? 찬송가 "나 같은 죄인"을 부르면서 하나님 앞에 처음 나아갈 때의 감격을 다시 회복해 보라. 그리고 당신 주변에 둘째 아들과 같은 처참한 상황에 빠진 자는 없는지 말해보라.

8. 탕자가 아버지께로 돌아가는 3단계를 말해보라.

- 1단계/깨달음(17절)

- 2단계/죄를 고백(18-19절, 21절, 시51:4)

- 3단계/돌이켜 아버지께로 돌아옴(20절)

9. 만신창이가 되어 돌아오는 아들의 모습을 멀리서도 알아보고 달려가 아버지의 진실한 사랑을 표현하심으로 용서하셨다. 아버지의 놀라운 사랑의 행동을 다음 단어들을 가지고 설명 해 보라.

- **측은히 여겨**

- **달려가**

- **목을 안고**

• 입을 맞추니

10. '아버지의 아들로서의 자격이 없다' 로 말하는 아들에게 최고의 대우를 하시
　　는 아버지의 사랑을 설명해보라. (22-23절)

• 제일 좋은 옷을 입히심/최고의 대우

• 가락지를 끼우심/아들의 권위 회복

• 신을 신기심/자유인임을 증명

• 잔치를 열어 주심

11. 고대 근동지방에는 '우리가 하나님께 1인치 다가서면 하나님은 우리에게 45
　　인치 가까이 오신다. 우리가 하나님께 걸어가면 하나님은 우리에게 달려오신
　　다' 는 속담이 있다. 죄를 회개하고 하나님 앞에 나오는 자에게 하나님은 용서
　　와 사랑으로 죄와 사망의 종에서 해방시켜 주신다. 뿐만 아니라 당신의 자녀
　　로 삼아주신다고 약속하셨다. 당신은 이 말씀을 믿는가? 믿는다면 아직도 죄

와 사망의 늪에서 허우적거리는 자들을 그냥 방관자로 보고만 있겠는가?
(참고/ 이사야 55:7, 요한복음 1:12)

12. 아버지의 기쁨은 잔치자리에서 절정을 이룬다. '죽었다가 다시 살았났으며'
라는 표현과 '잃어다가 다시 얻었노라' 는 말의 이중적 대조를 에베소서 2:1을
가지고 정리해 보라. 그리고 하나님이 마련하신 대각성전도집회라는 잔치에
서 함께 이 즐거움에 참여하는 자가 되도록 기도하며 탕자를 찾아 나서자.

4. 맏아들의 분노

누가복음 15:25-32

탕자와 아버지 사이에 화해가 이루어지고 마침내 잔치가 벌어지고 있던 바로 그때에 밭에서 열심히 일하던 맏아들이 돌아왔다. 잔치에 참여하기를 아버지로부터 권유받은 그는 거절하고 심한 분노를 터트림으로 지금까지 아버지를 섬겨온 것이 아버지를 사랑해서가 아니라 자기를 위해서라는 것이 밝혀진다. 물론 이 말씀은 예수께서 그 자리에서 원망하고 있던 바리새인과 서기관들을 두고 비유로 하신 말씀이다.

이 시대를 사는 우리에게는 바리새인과 서기관들의 종교적 열성주의와 위선과 교만이 도사리고 있지는 않는가?

토의내용

1. 탕자가 돌아와 잔치를 하고 있던 그 시간에 맏아들은 어디서 무엇을 하고 있었는가? (25절)

2. 27절을 다시 정리하면서 아버지가 잔치를 열게된 이유를 종이 어떻게 말하고
   있는지 살펴 보라.

3. 여기에서 당신은 부모로서 아버지의 심정을 이해할 수 있을 것이다. 아버지는
   집나간 아들이 모든 것을 허랑방탕하게 허비해 버리고 만신창이가 되어 돌아
   왔음에도 불구하고 건강하게 돌아왔다는 이유로 잔치를 베풀었다. 하나님은
   자신의 죄를 고백하고 그의 품으로 돌아와 안기는 자에게 과거를 가지고 괴롭
   히지 않으시고 용서하셨다는 증거로 베푸신다. 당신이 돌아왔을 때에도 하나
   님은 그렇게 하셨다. 여기에 동의하는가? (참고/ 시편 103:10-14)

4. 맏아들이 종의 말을 듣고 분노한 이유와 들어가기를 즐겨하지 않은 이유가 무
   엇인가? (29, 30절)

5. 29-30절을 가지고 맏아들과 아버지는 어떤 관계였는지 말해보라.

6. 29절의 "아버지를 섬겼다"라는 말은 '종처럼 섬겼다' 르는 뜻을 가진 단어이
   다. 그가 아버지의 권유를 거절하면서 행한 오만불손한 말투는 매우 주목할만
   것이다. 그의 주장대로 아버지의 명을 어긴 일은 없었지만 아버지께 대한 사
   랑의 존경으로 한 것은 아니었다. 다만 명령에만 관심이 있었기에 종처럼 가
   슴에 분을 품고 일해왔던 것이다. 이것은 바리새인과 서기관들이 하나님의 율
   법을 그대로 준수하는 일에는 열심이면서 그들의 마음은 하나님으로부터 멀
   어져 있다는 사실을 지적하신 것이다. 당신은 예수님의 이런 지적을 받을 자
   가 아닌가? 신앙생활을 오랫동안 해온 사람이라면 한번쯤 자신의 신앙을 점
   검하고 첫사랑을 회복해야 할 것이다. 지금 당신의 마음은 하나님께 있는지,
   하나님이 시키시는 일에 있는지 말해 보라.

7. 30절에서 맏아들이 자기 동생을 어떻게 평가하고 있는지 살펴보라.

8. "이 아들이 돌아오매"에서 "이 아들"이란 말은 '당신의 아들' (this son of
   yours)이란 말이다. 그는 분명히 탕자를 자기 형제로 인정하지 않고 있다. 맏
   아들이 자신의 동생을 받아들이는 데 특별히 문제가 된 것이 무엇이라고 생
   각하는가?

9. 맏아들의 말은 보면 그는 아버지에 대해 잘 모르고 있음이 분명하다. 아버지의 어떤 점을 알지 못했는가? (31, 32, 참고/ 마태복음 20:15)

10. 맏아들에게서 발견할 수 있는 치명적인 결점이 무엇인지 말하고 우리 사회가 점점 이런 맏아들의 가치관을 따라 가고 있지 않은지 생각해 보자.

11. 맏아들이 보인 불쾌감과 분노는 자격이 없는 자를 환대한다는 데 있었다. 이것은 예수님 이 세리와 죄인들과 함께 식사를 할 때 바리새인과 서기관들이 보인 태도와 똑같다. 이런 태도의 밑바닥에는 자기의 의로움을 크게 자랑하는 교만이 깔려 있다. 당신도 가끔 이런 마음을 가지고 교회에 나오는 자를 대한 일이 없는가? 그리고 전도하기를 일부러 기피한 일이 없는가?

12. 아버지가 돌아온 탕자를 '죽었던 자, 잃었던 자' 라고 표현하고 있는데 그 이유가 무엇일까?

13.하나님의 관심은 인간 자체의 구원에 있다. 하나님께 등을 돌리고 있는 모든 죄인들이 돌아오기까지 기다리고 계신 자비로운 아버지이시다. 그러므로 하나님을 사랑하고 순종해 왔던 모든 성도는 죄인이 회개하고 돌아올때 마땅히 기뻐하고 즐거워해야 한다. 당신은 여기에 동의하는가? 그렇다면 허물과 죄로 죽은 자들을 데리고 와서 아버지의 기쁨에 함께 참여하는 자가 되지 않겠는가?

5. 전해야 산다

기다리던 대각성전도집회가 이번 주일로 다가왔다. 지금까지 기도하며 접촉했던 형제 자매를 한번 더 찾아 가보자. 아직도 복음의 위력을 잘 알고 있으면서도 천성적인 수줍음이나 조롱, 매몰스런 퇴짜를 받을 것 같은 두려움으로 집안을 서성거리고 있다면 성령의 능력을 가지고 일어나 나가자, 죽음으로 하나님과 원수된 우리를 화목케하신 예수 그리스도의 복음을 전하자. 이것만이 버려진 영혼을 살리는 동시에 새로운 피조물된 우리가 사는 길이다.

토의내용

1. 고린도후서 5장 17-19절은 우리가 복음을 전해야 할 의무와 특권을 확인시키면서 무엇을 전해야 할 것인가를 말씀하고 있다.

1) 17절의 내용을 다시 정리하라.

2) "그리스도 안에 있으면"은 '예수 믿으면' 이라고 바꿀 수 있다. 예수 믿으면 새
   로운 피조물이 된다고 했는데 그 의미가 무엇인가?

3) "이전 것은 지나갔다"라는 말은 예수 믿는 자에게 하나님께서 일방적으로 죄
   악된 우리의 과거를 청산해 주시는 선언이다. 다음 성구를 가지고 이전의 모
   습과 새 것이 된 모습을 비교해 보라.

   • 에베소서 2:3

   • 요한복음 1:12-13

4) 18-19절의 내용을 다시 정리하라.

5) 본질상 진노의 자녀가 어떻게 하나님과 화목한 관계를 가지게 되었는가?
   (16절, 참고/ 로마서 5:10)

6) 하나님과 화목된 우리에게 주어진 직책은 무엇인가?

7) "화목"이란 단어는 제사 용어이다. 구약 시대에는 하나님과 화목하기 위해서
   동물을 희생제물로 바침으로 하나님의 진노에서 벗어나게 된다는 화목제를
   드렸다. 왜 전도가 제사용어인 화목케 하는 직책인가?(참고/ 로마서15:6 베드
   로전서 2:9)

8) 구약시대에 제사장은 하나님과 사람 사이를 화목하는 직책을 가지고 있었다.
   신약시대에 와서는 왕같은 제사장으로 하나님과 불신자를 화목시켜야할 의무
   를 부여하셨다. 이 영광스러운 직책을 주셨다는 사실을 당신은 어떻게 받아들
   이는가?

9) 우리는 종종 전도하면서 원수된 두 사이를 풀어주는 보람된 일을 하고 있다는
   사실을 잊고 있을 때가 많다. 당신은 전도하면서 단순히 잃은 양을 찾는다든
   지 교회로 인도한다는 생각으로 하지 않는가?

10) 화목케하는 직책과 함께 우리 손에 들려주신 화목케하는 말씀이란 구체적으로 무엇을 의미하는지 다음 성구를 가지고 말해 보라.

• 에베소서 2:14-18

• 로마서 10:9

11) 하나님은 죽어가는 자를 살릴 수 있는 특효약을 우리 손에 들려 주셨다. 그것은 바로 당신이 전해야 할 예수 그리스도의 십자가와 부활이다. 지금 당신은 당신 앞에서 죽어가고 있는 자를 바라만 보고 있지는 않는가? 당신의 손에 있는 생명의 특효약을 기다리고 있는 불쌍한 영혼은 누구인가? 당신이 전해주지 아니하면 그 영혼의 피 값을 하나님은 당신에게서 찾으시겠다고 하셨다. 언제 나누어 줄 것인지 솔직하게 말해 보라. (참고/ 에스겔 3:18-21, 18:21-24).

2. 다음 성구들을 가지고 사도들과 초대교회의 성도들이 어떤 마음으로 복음을 전했는지 살펴보면서 아직도 당신에게 남아있는 문제가 무엇인지 말해보라.

• 사도행전 4:20

• 사도행전 5:42

• 사도행전 8:4

• 디모데후서 4:2

• 고린도전서 9:16

3. 당신이 나누어 줄 생명의 특효약을 기다리는 사람의 이름을 적어보라. 그리고
   지금까지 혼자 움켜지고 있었던 죄를 회개하고 마지막 기회를 놓치지 않고 당
   장 나가서 전할 수 있는 용기를 달라고 기도하자.

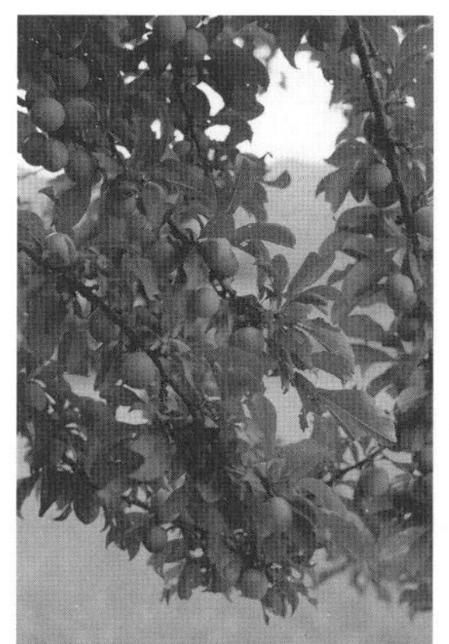

6. 새신자를 어떻게 돌볼 것인가?

한 영혼을 천하보다 귀하게 여기시는 주님께서 이번 대각성전도집회를 통하여 놀라운 일을 이루어 주셨다. 이 놀라운 역사를 이루신 하나님께 우리 모두 찬양과 감사를 드리자.

이제 새로 태어난 우리의 형제 자매들을 잘 돌보아야 할 책임이 각 다락방마다 새로운 일로 주어졌는데 이번 주간에는 어떻게 그들을 돌볼 것인가를 생각하면서 은혜를 나누어 보자.

토의내용

1. 영적으로 갓 태어난 새신자는 교회 생활이 어색하기만 하고 무엇을 어떻게 해야할지 모르는 어린아이와 같다고 볼 수 있다. 부모가 하나님처럼 이기심 없는 순수한 사랑으로 아이를 돌보듯이 도와주어야 하는데 그러기 위해서 우리가 갖추어야 할 조건이 있다. 다음 성구들을 가지고 한가지씩 구체적으로 말해 보라.

- 고린도전서 11:1

- 데살로니가전서 2:7, 8

- 요한3서 1:4

- 골로새서 1:28, 29

- 데살로니가전서 3:10

2. 예수를 처음 믿은 새신자가 가지고 있는 약점이 무엇인가를 파악하는 것은 그들을 도와주기 위해서 매우 중요하다.

3. 그들의 영적인 약점을 어떻게 도와줄 수 있는지 말해보라.

• 영혼의 양식을 먹음으로(베드로전서 2:2)

• 영적 호흡을 쉬지 않음으로(빌립보서4:6)

• 하나님께 예배드림으로(요한복음4:23,24)

• 성도와 교제를 나눔으로(요한일서 1:7)

• 다른 사람에게 복음을 전하므로(로마서 10:14)

4. 새신자는 인도자가 양육을 책임지는 것이 이상적이다. 각자가 누구를 책임지고 돌볼 것인지 한 사람씩 이야기하면서 이름과 형편을 기록하자.

5. 전도 집회 중에 결신했지만 결신 카드를 제출하지 아니한 형제 자매가 있다면 꼭 제출하고, 등록하기를 원하는 사람은 교회에 데리고 와서 등록처에서 등록하고 연결시켜 주도록 하자.

6. 이번에 예수님을 믿기로 결신한 형제 자매들이 시험에 들지 않도록 기도해 주고, 집회 참석은 했지만 아직 결신하지 못한 자들이 있다면 주께서 마음의 문을 열어주시도록 합심해서 기도하자.